合気道入門

正確な稽古で基本を極める

合気道本部道場長
植芝充央 著

内外出版社

◆目次

はじめに 4

技の稽古の前に 7
  礼／構え 8
  立ち方／座り方 10
  膝行 14
  基本の体捌き 16
    入身 16
      突き 16
      正面打ち 18
    転換 20
    転身 22
    転回 24
  受身 26
    後方反転受身 26
    後方回転受身 28
    前方回転受身 30
    固め技受身 32
  手首関節柔軟 34
    第二教鍛錬法 34
    小手返し鍛錬法 35
  背伸運動 36

投げ技 39
  入身投げ 40
    正面打ち入身投げ 40
    横面打ち入身投げ 44
    片手取り入身投げ（相半身）46
    片手取り入身投げ（逆半身）50
  四方投げ 54
    片手取り四方投げ（逆半身）表 54
    片手取り四方投げ（逆半身）裏 58
    半身半立ち片手取り四方投げ 62
    横面打ち四方投げ 表 64
    横面打ち四方投げ 裏 68
  天地投げ 72
    両手取り天地投げ 表 72
    両手取り天地投げ 裏 76
  回転投げ
    片手取り回転投げ（内回転）80
    片手取り回転投げ（外回転）84

投げ固め技 89
  小手返し 90
    突き小手返し 90
    正面打ち小手返し 94
    片手取り小手返し 98

固め技 103
第一教 104
正面打ち第一教　表 104
正面打ち第一教　裏 108
正面打ち第一教　（座技）　表 112
正面打ち第一教　（座技）　裏 114
片手取り第一教　（相半身）　表 116
片手取り第一教　（相半身）　裏 118
第二教 119
正面打ち第二教　表 120
正面打ち第二教　裏 124
肩取り第二教　表 128
肩取り第二教　裏 132
第三教 136
正面打ち第三教　表 136
正面打ち第三教　裏 140
後ろ両手首取り第三教　表 144
後ろ両手首取り第三教　裏 148
第四教 152
正面打ち第四教　表 152
正面打ち第四教　裏 156

呼吸力の養成 161
呼吸法 162
座法 162
立法 (諸手取り呼吸法　表) 166
立法 (諸手取り呼吸法　裏) 170

合気道と公益財団法人合気会 174
歴代道主略歴 180

はじめに

　合気道は、相手の攻撃を合気道特有の動作で捌いて相手の死角へ入り、投げ、または抑えます。自分が持っている力を、自然の理に従った合理的な動作の組み合わせに基づいて無理なく発揮することで成り立っています。

　稽古では指導者が示す手本にそって、「受け（攻撃をしかけ技を受ける）」と「取り（攻撃を捌いて技をかける）」の二人組で交代しながら左右バランス良く反復稽古を積み重ね、心と身体を鍛えます。

　合気道では、お互いに切磋琢磨し合って稽古を積み重ね、心身の錬成を図るのを目的としています。合気道は他人と優劣を競うことをしないため、試合がありません。その中でお互を尊重する協調性も学ぶことができます。

　またお互いの習熟度にあわせて技を繰り返し稽古し、心身の練成を図ることを目的としていますので誰でも稽古できます。稽古の積み重ねが健康によいのは言うまでもなく、日常生活において何事にも積極的に取り組む自信が自然と培われていきます。また道場には年令、性別、職業、国籍を問わず多くの人々が集まってきますので道場は、人間理解の眼を深めるためには最適の場です。

　合気道の上達のためにはまず、「基本をしっかり身に付ける」ことです。

　合気道の稽古では、はじめに構え、入身、転換といった体捌き、呼吸力を養う呼吸法を学びます。こうした基本的な動作は、合気道のすべての技法のベースとなるものです。つまり、基本動作の習得こそ、次の技へステップアップをしていくための第一歩であり、これをおろそかにしていては、技術の向上は望めません。

本書を手に取られた方は、これから合気道を始めようと思っている方、稽古を始められたばかりの方だと思います。道場では指導者の教えを謙虚に聞き、素直な気持ちで動きの意味をつかんでいくとよいでしょう。

　本書では初心者の方にも基本習得のためのポイントを理解しやすいように、写真のカット数は従来の実技書よりも多くなっています。拡大写真、角度を変えた写真も多用し、わかりやすい解説を心がけました。指導者の方にも、初心者や子供への指導の参考にしていただけると思います。

　また本書で取り上げた基本は、上級者になっても決して忘れてはならない、合気道技法の根幹とも言えるものです。道場で指導者の手本を通じて学んだことに加えて、本書でさらに細かなところを確認していくことで上達の一助としていただければ幸いです。

　基本は稽古の継続によってのみ体得できるものです。ときに稽古がつらいと感じることもあるでしょう。ですが、あきらめずに続けていけば、結果は必ずついてきます。こうした稽古の積み重ねが、技術面だけでなく、精神面の成長につながっていくのです。

　私の祖父である植芝吉祥丸二代道主は、東京にいる時は、本部道場の朝の稽古を毎日欠かさず続けていました。そして父・植芝守央現道主も祖父にならい、毎朝道場に出て、稽古をするようにしており、私もそれにならっています。

　基本を大切にしつつ、無理なく休まずに続けること。そして、常に向上心を忘れずに稽古に励んでいただきたいと思います。

　　　　　　　　　　　　　　　　合気道本部道場長　植芝充央

模範演武（取り）
合気道本部道場長　植芝充央

模範演武（受け）
本部道場指導部指導員　日野皓正
本部道場指導部指導員　松村　光
撮影　有限会社園部保夫写真事務所
装丁　ゴトウアキヒロ

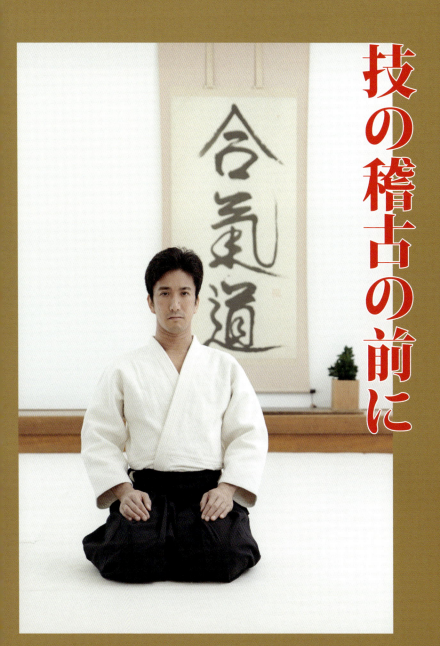

技の稽古の前に

礼法

稽古を行う際は稽古場、指導者、稽古相手に対して敬意を表す意味で必ず礼を行います。礼を行うことで稽古に臨む心構えを意識することができます。礼によってお互いの気持ちを整えることはケガを未然に防ぐことにもつながります。

❶適切な間を取り、座し相対する。
❷互いに両手を畳に手を着き、体を倒す。首をかがめたり、背中を丸めたりしないように注意する。再び体を起こす。

左半身

右半身

半身の時の足の配置

構え

合気道の稽古では半身の構えで相手と対します。左足が前になった半身を「左半身」、右足が前になった半身を「右半身」といいます。

左相半身　　　　　　　　右相半身

左逆半身　　　　　　　　右逆半身

相対したときは互いに半身になります。稽古する技法によって間合いの取り方は変わります。

合気道では技をかける側を「取り」、技をかけられる側を「受け」と呼びます。相対した際、取りと受けの左右の半身が同じ状態を「相半身」、異なるときを「逆半身」といいます。

取りが左半身の場合の相半身を「左相半身」、右半身の場合を「右相半身」、取りが左半身の場合の逆半身を「左逆半身」、右半身の場合を「右逆半身」といいます。

立ち方

❶正座の状態。
❷つま先を立て跪座になる。
❸片膝をやや後方に引く。

座り方

❶直立する。
❷片足をやや後方に引く。
❸姿勢をまっすぐ保ちながら重心を下げ、引いた足の膝を畳に着ける。

❹もう片膝を起こす。
❺そのまままっすぐ立ち上がる。
❻引いた足をもう片足に寄せて直立する。

❹もう片膝を畳に着け
❺両かかとの上に腰を下ろし両膝を合わせ、跪座 (きざ) から、正座になる。

正面から

背後から

立ち方のポイント

❶〜❷正座の状態から一度つま先を立てて、跪坐の状態になります。
立ちあがる時に崩れないよう、姿勢を意識します。

膝行
しっこう

座技を行う際に必要な歩法が膝行です。

❶正座の状態。
❷つま先を立て、脆座になる。
❸腰を回転させながら左膝を立て気味に前方へ出す。このとき右のかかとを腰の下に引き寄せる。
❹〜❺左膝を着き、腰を回転させながら右膝を前方へ出す。左かかとは腰の下の引き寄せる。
❻〜❽繰り返す。
❾脆座になる。
❿正座になる。

基本の体捌き(たいさば)

技の稽古において、大切なのは体の使い方です。
適切な間、姿勢の取り方、体の運用法を身につけ、技法稽古に活かせるように繰り返し稽古を行います。
合気道の稽古では技をかける側を「取り」、かけられる側を「受け」と言います。

入身(いりみ)(突き)

❶相対する。
❷〜❹受けが後ろ足を進めて突くと同時に、取りは前足から受けの攻撃線を外して側面に入身し、手刀で突きを制する。
後ろ足を必ず寄せて攻撃線を外すこと。

写真❹を別角度から
受けの攻撃の線を外し、受けの側面に入身し、手刀で突きを制する。

入身（正面打ち）
いりみ

❶相対する。
❷〜❺受けが手刀を振り上げると同時に、後ろ足から大きく受けの側面に入身すると、受けの首と手刀を制しながら体の向きを変え、前足を引き寄せる。

> **写真❺を別角度から**
> 受けの側面に入身し、
> 受けの首と手刀を制する。

転換 (てんかん)

❶逆半身で相対する。
❷受けが逆半身で取りの手首をつかむ。
❸取りは前足を受けの側面に進める。
❹〜❻進めた足を軸に体を転じ、姿勢を整える。

写真❷〜❻を別角度から

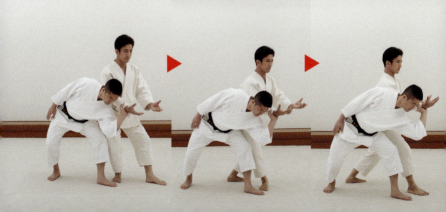

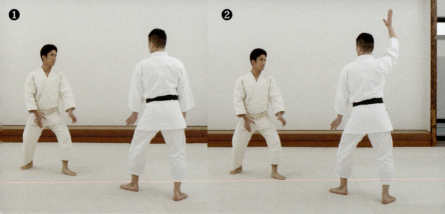

転身
てんしん

❶相半身で相対する。

❷〜❹受けが後ろ足を進めながら、手刀を振り上げ、横面を打つと同時に、取りは後ろ足をやや斜め前に進め、手刀で受けの手刀を制し、もう一方の手で当身を入れる。

❺〜❽進めた足を軸に体を転じ、当身を入れた手で受けの手刀を斬り下ろし、半身になる。

写真❸〜❽を別角度から

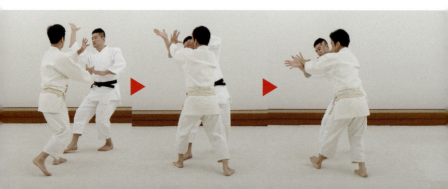

<ruby>転回<rt>てんかい</rt></ruby>

❶逆半身で相対する。
❷受けが逆半身で取りの手首をつかむ。
❸取りは手刀を開きながら前足から受けの側面に入身し、もう一方の手で当身を入れる。
❹〜❻後ろ足を受けの側面に進めながら手刀を振り上げ、体の向きを変える。

写真❸〜❻を別角度から

<ruby>受身<rt>うけみ</rt></ruby>

受身の習得は、ケガを防ぐために必要です。

後方反転受身

❶半身で立つ。
❷後ろ足の膝を畳に着ける。つま先は立てない。
❸〜❹膝→臀部→腰→背中の順に着ける。背中が着く際、腰帯を見るように<ruby>顎<rt>あご</rt></ruby>を引き、着けた足と逆側の手で畳をたたく。
❺〜❻体重を前方に移動させながら背中→腰→太ももの裏側→膝の順に着け、立ち上がる。

後方回転受身

❶半身で立つ。
❷後ろ足の膝を畳に着ける。つま先は立てない。
❸〜❹膝→臀部→腰→背中の順に畳に着ける。
❺〜❽両手を畳に着け、上体を起こす。腰から肩の裏側へ体の対角線上を畳に着けていく。重心移動を生かすように意識する。

※頭を強く打たないように初心者は勢いをつけて行わない。
最初は❷の膝をついた状態から稽古してもいい。

前方回転受身

❶半身で立つ。
❷両膝を曲げて体を低くし、前足と同じ側の手を前にして畳に着ける。(指先を自分の方に向けて畳に着ける)
❸〜❼手→腕→肩の裏側→背中→腰→後ろ足の膝の順に畳に着け、立ち上がる。
この時、一連の動きに合わせて畳についた反対の手で畳を叩く。

固め技受身

❶〜❹取りが受けの手首と肘を制して、腕を丸く返し斬り下ろす。受けの上体が崩れ、重心が後ろ足側に移るので、膝を柔らかく使ってバランスを保ち、もう一方の手を畳に着ける。

❺〜⓫着けた手と同じ側の膝から順に体を畳に着け、うつ伏せになる。顔の向きは取りとは反対に向ける。畳に着けた手を上体の倒れ込みに応じてずらし、顔や胸を畳にぶつけないようにする。

33

手首の鍛錬(たんれん)

合気道には手首の関節を制する技法があるので、手首関節を柔軟にし、鍛錬します。

第二教鍛錬法

❶両手親指を下に向けると、左手親指は右手親指の付け根に当て、残りの四指は右手小指側に掛けるように右手甲を握る。
❷体の中心線上で両脇を締め、胸元に引き寄せる。右手首を曲げ、鍛錬する。

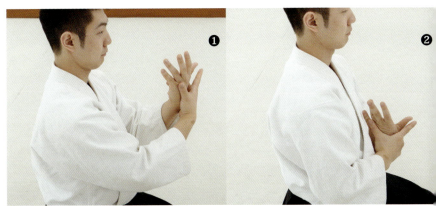

小手返し鍛錬法

❶両手指先を上に向けると、右手親指は左手小指と薬指の付け根に当て、残りの四指は左手親指側に掛けるように左手甲を握る。
❷体の中心線上で右手の内を締め、左手首をひねるように曲げ、鍛錬する。

背身運動

主に稽古後の整理体操として行います。

❶背中を伸ばされる側が相手の両手首を逆半身でつかむ。
❷〜❹背中を伸ばす側が前足を進め、転換し両手刀を振りかぶり、背中合わせになる。
❺相手の背中を伸ばす側は両膝を曲げ腰を落とす。両腕を耳に着けるように上方に伸ばす。
❻十分に腰を落とし、相手を腰と背中に乗せ、両膝を伸ばす。この際、乗せられた側は力を抜く。

37

投げ技

入身投げ

入身投げの特徴は、相手の攻撃線をはずして受けの側面に入身する体捌きです。側面に入身した後、首と手刀を制しながら転換し受けを導く。後ろ足を大きく進めると同時に、振り上げた手刀を内旋させながら振り下ろして投げます。

正面打ち入身投げ

❶相対する。
❷〜❺受けが手刀を振り上げると同時に、後ろ足から大きく受けの側面に入身し、受けの首と手刀を制する。この時、取りの体は半身で受けの体と同じ向き。
❻〜❿転換しながら受けを肩口に導く。
⓫〜⓭後ろ足を大きく進めると同時に、振り上げた手刀を振り下ろし投げる。

正面打ち入身投げのポイント

受けの足元から入身する気持ちで後足を進める。

写真❻〜❿を別角度から
互いの手刀の接点を活かして、転換しながら受けを肩口に導く。

写真⑤のアップ

もう片方の足を引き寄せて半身の姿勢になり、受けと同じ向きになる。

写真⑪〜⑬を別角度から
後ろ足を大きく進めると同時に、振り上げた手刀を振り下ろし投げる。

横面打ち入身投げ

❶相対する。
❷〜❹受けが後ろ足を進めながら、手刀を振り上げ、横面を打つと同時に、取りは後ろ足をやや斜め前に進め、手刀で受けの手刀を制し、もう一方の手で当身を入れる。
❺〜❼進めた足を軸に体を転じ、当身を入れた手で受けの手刀を斬り下ろし、半身になる。
❽〜❾後ろ足をから大きく受けの側面に入身し、受けの手刀と首を制する。
❿〜⓬転換しながら受けを肩口に導く。
⓭〜⓯後ろ足を大きく進めると同時に、振り上げた手刀を振り下ろし投げる。

片手取り入身投げ （相半身)

❶相対する。
❷受けが相半身で取りの手首をつかむ。
❸〜❺取りは手刀を振り上げながら、後ろ足から受けの側面に入身し、受けの首と手刀を制する。
❻〜❽転換し、受けを肩口に導く。
❾〜⓬後ろ足を大きく進めると同時に、振り上げた手刀を振り下ろし投げる。

片手取り入身投げ (相半身) のポイント

写真❷〜❺を別角度から
取りは手刀を振り上げながら、後ろ足から受けの側面に入身し、受けの首と手刀を制する。側面に入身した際は、受けと同じ向きになる。

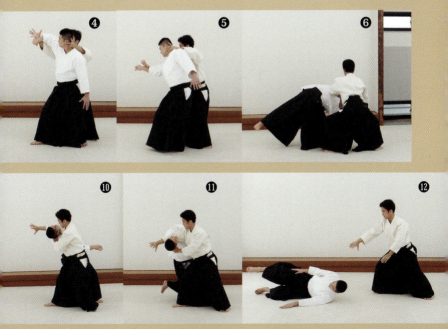

片手取り入身投げ　（逆半身）

❶相対する。
❷受けが逆半身で取りの手首をつかむ。
❸〜❹取りは前足から受けの側面に入身し、もう一方の手刀を受けと取りの腕の間に差し込み、受けのつかみを外し、受けの首と手刀を制する。
❺〜❽転換し、受けを肩口に導く。
❾〜⓭後ろ足を大きく進めると同時に、振り上げた手刀を振り下ろし投げる。

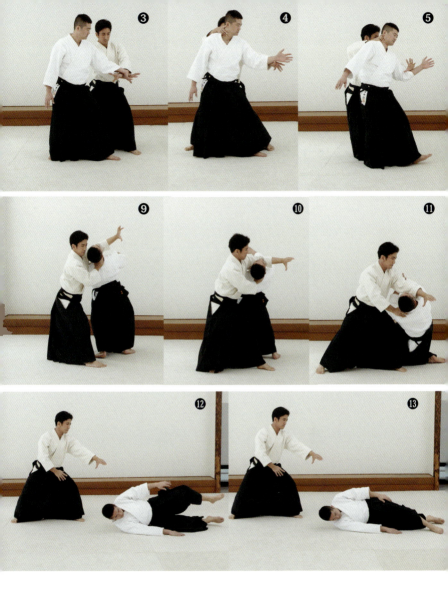

片手取り入身投げ(逆半身)のポイント

写真❷〜❺のアップ
受けの側面に入身すると、もう一方の手刀を受けと取りの腕の間に差し込み、体を回転させて、受けのつかみを外す。

四方投げ

四方投げは、「剣の理合を体に映す」という合気道の動きを表した代表的技法の一つです。
振りかぶった両手を斬り下ろすようしにて投げます。

片手取り四方投げ　（逆半身）　表

❶相対する。
❷〜❸受けが逆半身で取りの手首をつかむと、取りは後ろ足を進めながら手刀を立て、もう一方の手を受けの手首に当てる。
❹〜❻さらにもう一歩進めながら振りかぶると、体の向きを変え、両手で受けの小手を制する。
❼〜❿斬り下ろすようにして投げる。

写真❷〜❺を別角度で
受けが逆半身で取りの手首をつかむと、取りは後ろ足を
進めながら手刀を立て、もう一方の手を受けの手首に当てる。

片手取り四方投げ(逆半身)表 のポイント

写真❺〜❼を別角度で
体の向きを変え、両手で受けの小手を制し、斬り
下ろすように投げる。

さらにもう一歩進めながら振りかぶると、体の向きを変え、両手で受けの小手を制する。

片手取り四方投げ
(逆半身) 裏

❶相対する。
❷受けが逆半身で取りの手首をつかむ。
❸〜❼前足を受けの側面に進めながら手刀を立て、もう一方の手は受けの手首に当て、転換しながら振りかぶる。
❽〜❿体の向きを変え、両手で受けの小手を制する。
⓫〜⓭斬り下ろすように投げる。

片手取り四方投げ（逆半身）裏 のポイント

写真❷〜❽を別角度で
受けの側面での入身・転換の一連の体捌きにおいて、受けにつかまれた手の位置が体の中心から外れないようにする。

半身半立ち片手取り四方投げ

❶相対する。
❷〜❸受けが逆半身で取りの手首をつかむと、取りは腰を上げながら手刀を立て、もう一方の手を受けの手首に当てる。
❹受けに近い方の膝を立てながら手刀を振りかぶる。
❺〜❻体の向きを変え、両手で受けの小手を制する。
❼〜❾斬り下ろすようにして投げる。

横面打ち四方投げ　表

❶相対する。

❷〜❹受けが後ろ足を進めながら取りの横面を手刀で打つと同時に、取りは後ろ足をやや斜めに開いて両手刀を振りかぶり、一方の手刀で受けの手刀を制し、もう一方の手刀で当身を入れる。

❺〜❽転身しながら受けの手刀を斬り下ろし、両手で受けの手首を制する。

❾〜❿後ろ足を大きく進めながら両手を振り上げ、体の向きを変え、受けの小手を制する。

⓫〜⓭斬り下ろすように投げる。

横面打ち四方投げ 表 のポイント

写真❸〜❻を別角度から
一方の手刀で手刀を制し、もう一方の手刀で当身を入れる。転身しながら受けの手刀を切り下ろし、両手で受けの手首を制する。

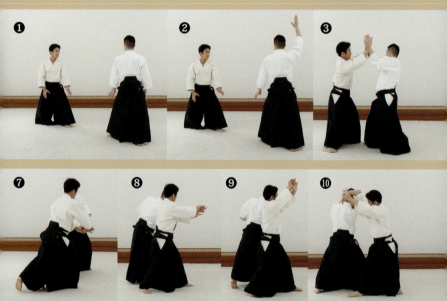

写真❼〜❾を別角度から
後ろ足を大きく進めながら、体の中心で両手を振り上げ、体の向きを変える。

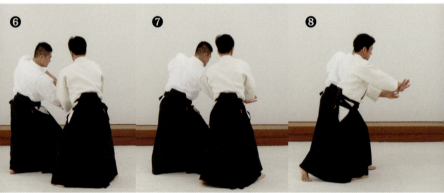

横面打ち四方投げ　裏

❶相対する。

❷〜❹受けが後ろ足を進めながら取りの横面を手刀で打つと同時に、取りは前足から受けの側面に入身し、一方の手刀で当身を入れ、もう一方の手刀で受けの手刀を制する。

❺〜❾受けの手刀を切り下ろし、両手で受けの手をつかむと、転換しながら振りかぶる。

❿〜⓮体の向きを変え、受けの小手を制すると、斬り下ろすように投げる。

別角度❶

別角度❷

横面打ち四方投げ 裏 のポイント

> 写真❸〜❽を2つの角度から
>
> 取りは前足から受けの側面に入身し、一方の手刀で当身を入れ、もう一方の手刀で受けの手刀を制する。受けの手刀を切り下ろし。両手で受けの手刀をつかむと、転換しながら振りかぶる。

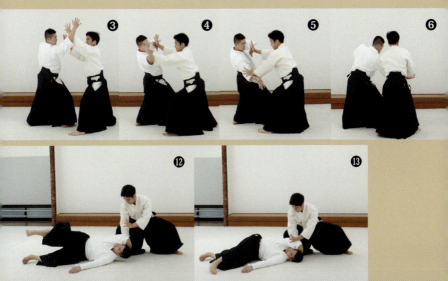

天地投げ

受けの側面に入身しながら体捌きに合わせて両手刀をらせん状に上下へ開くのが特徴です。

両手取り天地投げ　表

❶相対する。
❷受けが相半身で取りの両手首をつかむ。
❸〜❺取りは後ろ足を受けの側面に進めながら両手刀を上下に分け開く。
❻〜❽さらに後ろ足を進めながら、両手刀を内旋させ、上に開いた手刀を振り下ろし投げる。

両手取り天地投げ 表 のポイント

写真❷〜❺を別角度から
取りは後ろ足を受けの側面に進めながら両手刀を上下に分け開く。さらに後ろ足を進めながら、両手刀を内旋させ、上に開いた手刀を振り下ろし投げる。

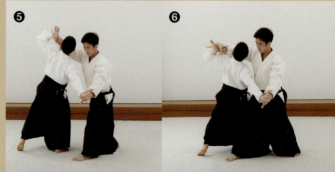

両手取り天地投げ　裏

❶相対する。
❷受けが逆半身で取りの両手首をつかむ。
❸〜❼取りは前足を受けの側面に進め、その足を軸に転換しながら両手刀を上下に分け開き、受けを導く。
❽〜⓬後ろ足を進めながら、両手刀を内旋させ、上に開いた手刀を振り下ろし投げる。

写真❷〜❾　手元のアップ
転換の体捌きに両手刀を上下に分け開き、受けを導くと、両手刀を内旋させながら上に開いた手刀を振り下ろし投げる。

両手取り天地投げ 裏 のポイント

回転投げ

片手取り回転投げ
(内回転)

❶相対する。
❷受けが逆半身で取りの手首をつかむ。
❸取りは前足を斜め前に進めると同時に、手刀を下方斜め前に開き、もう一方の手で当身を入れる。
❹〜❻後ろ足を受けの側面に進めながら手刀を振り上げ、体の向きを変える。
❼〜❾取りは前足を引きながら手刀を振り下ろし、受けの腕を引き出し、受けの手首をつかみ、もう一方の手で受けの後頭部を制する。
❿〜⓭取りは後ろ足を前方に一歩進めると同時に、受けの腕を前方に押し出すようにして投げる。

写真❽〜❾を別角度から
受けの腕を引き出し、受けの手首をつかみ、もう一方の手で受けの後頭部を制する。

片手取り回転投げ（内回転）のポイント

片手取り回転投げ （外回転）

❶相対する。
❷受けが逆半身で取りの手首をつかむ。
❸〜❹取りは前足を斜め前に進めると同時に、手刀を下方斜め前に開き、もう一方の手で当身を入れる。
❺〜❻取りは手刀を受けの手首に掛けるようにして振り上げ、体の向きを変える。
❼〜⓫前足を引き、さらにもう一歩引きながら、受けの腕を引き出すと、受けの手首をつかみ、もう一方の手で受けの後頭部を制する。
⓬〜⓯取りは後ろ足を前方に一歩進めながら、受けの腕を前方に押し出すようにして投げる。

片手取り回転投げ(外回転)のポイント

写真❹〜❻のアップ
手刀を受けの手首に掛けるようにして振り上げながら体の向きを変える。

投げ固め技

小手返し

投げ技と固め技を組み合わせた技法です。投げた後に第二教抑えで固める「小手返し」が主体です。投げから抑えまでの一連の流れが途切れないように心がけましょう。

突き小手返し

❶相対する。
❷〜❸受けが後ろ足を進めながら突くと同時に、取りは前足から側面に体を捌き、手刀で受けの腕を制する。
❹〜❻受けの腕を制している手で受けの手小を握り、転換して受けを導く。
❼〜⓫前足を開きながら小手を返し、後ろ足を進めながらもう一方の手を受けの手に当て、両手で下方に投げる。
⓬〜⓰受けの小手と肘を制してうつ伏せに抑える。
⓱〜⓳両膝で受けの肩をはさむように跪座になり、第二教の抑えで肩関節を極め制する。

突き小手返しのポイント

❹〜❿を別角度から
受けの腕を制している手で受けの小手を握り、転換して受けを導く。
前足を開きながら小手を返し、後ろ足を進めながらもう一方の手を
受けの手に（指先から丸めるように）当て、両手で下方に投げる。

❷〜❹別角度から
手刀で受けの腕を制し、受けの腕を制している手で受けの小手を握る。

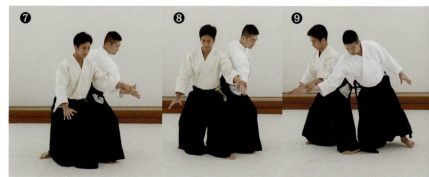

正面打ち小手返し

❶相対する。

❷〜❼受けが手刀を振り上げ、取りの正面を打つと同時に、取りは後ろ足から受けの側面に入身し、転換して体を捌き、受けの小手を制する。

❽〜❾受けの腕を制している手で受けの小手を握り、受けを導く。

❿〜⓮前足を開きながら小手を返し、後ろ足を進めながらもう一方の手を受けの手に当て、両手で下方に投げる。

⓯〜⓳受けの小手と肘を制しながら受けをうつ伏せに返し、肩関節を極め制する。

正面打ち小手返しのポイント

写真⑮〜⑲のアップ
受けの小手と肘を制してうつ伏せに抑え、両手で受けの腕を体に密着させて肩関節を極め制する。

写真❻を別角度から
親指を受けの小手の小指と薬指の間に当てる。他の四指は親指側から指をかけるように握る。

片手取り小手返し

❶相対する。

❷受けが逆半身で取りの手首をつかむ。

❸〜❻取りは前足から受けの側面に入身し、もう一方の手刀を受けと取りの腕の間に差し込み、受けのつかみを外し、受けの小手を制する。

❼〜❾受けの腕を制している手で受けの小手を握り、転換して受けを導く。

❿〜⓭足を開きながら小手を返し、後ろ足を進めながらもう一方の手を受けの手に当て、両手で下方に投げる。

⓮〜⓲受けの小手と肘を制しながら受けをうつ伏せに返し、肩関節を極め制する。

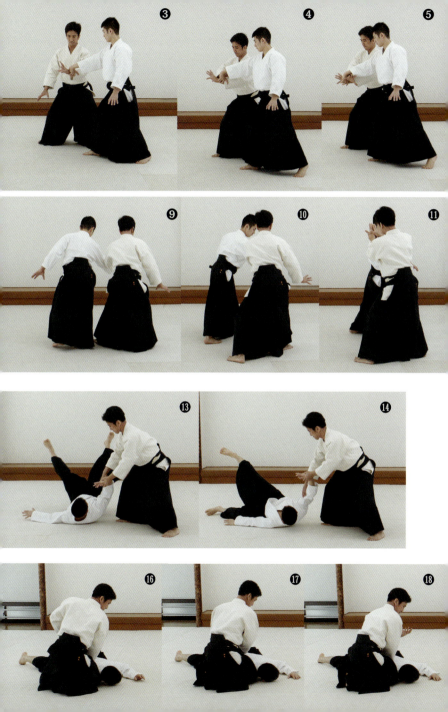

片手取り小手返しのポイント

写真❸〜❼のアップ
もう一方の手刀を受けと取りの腕の間に差し込み、受けのつかみを外し、受けの小手を握る。

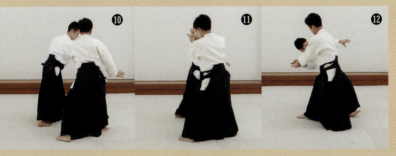

固め技

第一教

合気道の固め技の基本となる技法です。第一教を起点にして、各固め技へと変化していきます。

正面打ち第一教　表

❶相対する。
❷〜⓫受けが手刀を振り上げると同時に、取りは前足から斜め前に入身し受けの手首と肘を制すると、腕を斬り下ろし後ろ足から前進する。
⓬〜⓭受けをうつ伏せに抑え制する。

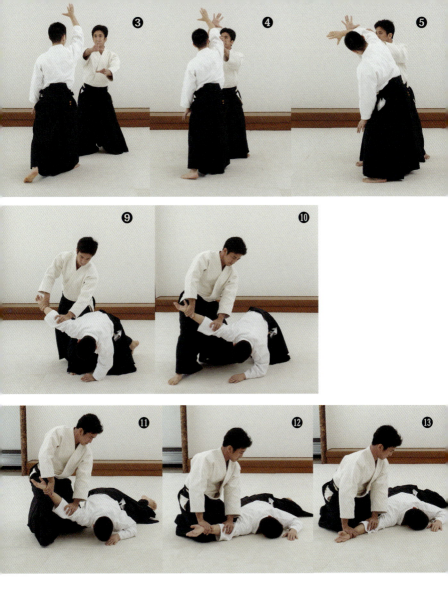

正面打ち第一教 表 のポイント

写真⓭を別角度から
受けの腕と胴体の角度を90度に取る。内側の膝は受けの脇に、外側の膝は手首の下につけ、握っている手首、肘に体重をかけ抑える。

写真❸〜❼を別角度から
受けの手首と肘を制すると、腰を切って、腕を斬り下ろし後ろ足から前進する。

写真⓭を別角度から
跪座になり、受けをうつ伏せに制する。

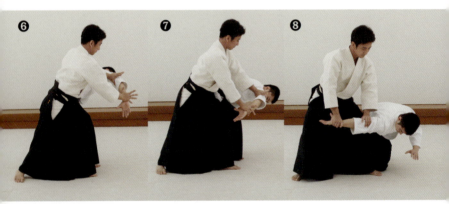

正面打ち第一教　裏

❶相対する。

❷〜❿受けが手刀を振り上げると同時に、取りは後ろ足から受けの側面に入身し、受けの手首、肘を制し、転換しながら受けの腕を斬り下ろす。

⓫〜⓬受けをうつ伏せに抑え制する。

正面打ち第一教 裏 のポイント

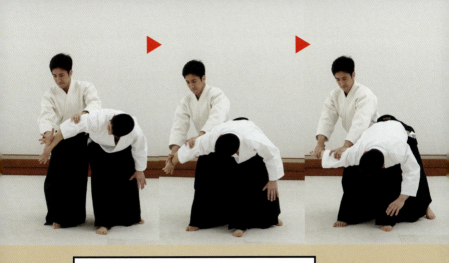

> 写真❸〜❼を別角度から
> 受けの側面に入身し、受けの手首、肘を制し、
> 転換しながら斬り下ろす。

正面打ち第一教（座技）表

❶座して相対する。
❷〜❺受けが手刀を振り上げると同時に、取りは受けの手首と肘を制し、前膝をやや横に開くと受けの腕を斬り下ろし、膝行で前進する。
❻さらに膝行で前進する。
❼受けをうつ伏せに抑え制する。

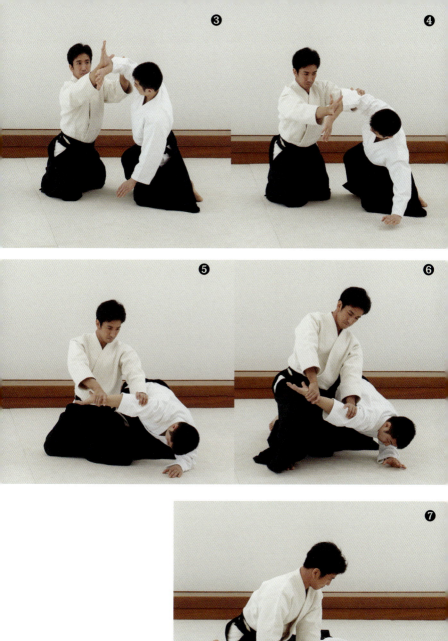

正面打ち第一教 （座技） 裏

❶座して相対する。
❷受けが手刀を振り上げると同時に、前膝から受けの側面に入身し、受けの手首・肘を制し、転換しながら受けの腕を斬り下ろす。
❸〜❽転換しながら受けの腕を斬り下ろす。
❾〜❿跪座になり、うつ伏せに抑え制する。

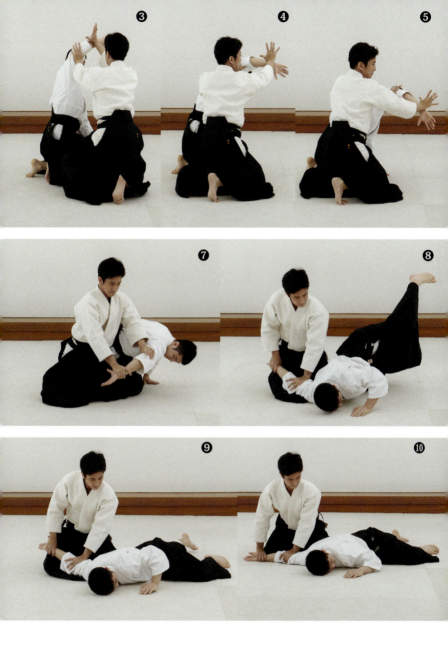

片手取り第一教
(相半身) 表

❶相対する。

❷〜❻受けが相半身で手首をつかむと同時に取りは手刀を立て、前足から斜め前に入身しながら手刀を振り上げ、もう一方の手で受けの肘を制する。

❼〜❿後ろ足を出し受けの腕を斬り下ろす。

⓫〜⓯さらに前進して受けをうつ伏せに抑え制する。

片手取り第一教
（相半身） 裏

❶相対する。

❷〜❺受けが相半身で取りの手首をつかむと同時に、取りは手刀を振り上げる。後ろ足から受けの側面に入身し、もう一方の手で受けの肘を制する。

❻〜⓫転換しながら受けの腕を斬り下ろす。

⓬受けをうつ伏せに抑え制する。

119

第二教

第二教は、第一教に手首と肩関節を極め制する動きを加えたものです。表技、裏技ともに手首関節の制し方、肩関節の制し方に特徴があるので、繰り返し稽古を行いましょう。

正面打ち第二教　表

❶相対する。
❷〜❽受けが前足を進め手刀を振り上げると同時に、取りは前足から斜め前に入身し、受けの手首と肘を制すると腰を切って後ろ足を進めながら、受けの腕を斬り下ろし、受けの小手を回すようにして握る。
❾〜⓫さらに前進して受けをうつ伏せにすると、両膝で受けの肩をはさむように跪座になる。
⓬〜⓮両手で受けの腕を体に密着させて肩関節を極め制する。

正面打ち第二教 表 のポイント

写真❿〜⓮を別角度から
前進して受けをうつ伏せにすると、両膝で受けの肩をはさむように跪座になる。
両手で受けの腕を体に密着させて肩関節を極め制する。

写真❹〜❼を別角度から
手を大きく開いて受けの小手につけ、受けの小手を回すようにして握り、手首関節を制する。

正面打ち第二教　裏

❶相対する。

❷〜❹受けが前足を進め手刀を振り上げると同時に、取りは受けの側面に後ろ足から入身し、受けの肘と手刀を制する。

❺〜❼転換して受けの腕を斬り下ろし、肘を制しながらもう一方の手で受けの小手を回すようにして握る。

❽〜⓫受けの小手を肩に着け、受けの手首と肘関節を曲げ、手首関節を極める。

⓬〜⓱受けの小手と肘を制しながら、うつ伏せに抑え、肩関節を極め制する。

正面打ち第二教 裏 のポイント

写真❻を別角度から
肘を制しながらもう一方の手で受けの小手を回すようにして握る。

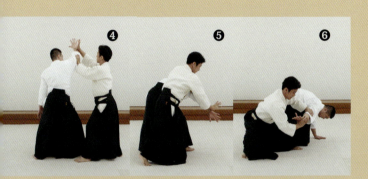

写真❽〜❿を別角度から
受けの小手を肩に着け、受けの手首と肘関節を曲げ、手首関節を極める。

肩取り第二教　表

❶相対する。
❷〜❺受けが取りの肩をつかむと同時に、取りは右足を横に開いて当身を入れ、転身しながら当身を入れた手で受けの腕を斬り下ろす。
❻〜❿受けの小手を制し、もう一方の手で受けの肘を制すると、受けの腕を丸く返しながら斬り下ろす。
⓫〜⓭前進し、受けをうつ伏せにする。
⓮〜⓰両膝で肩をはさむように跪座になり、受けの肩関節を極め制する。

肩取り第二教 表 のポイント

写真❸〜❿のアップ
当て身を入れた手で受けの腕を斬り下ろす。斬り下ろした手で受けの小手を制し、もう一方の手で受けの肘を制し、受けの腕を丸く返しながら斬り下ろす。

肩取り第二教　裏

❶相対する。

❷〜❸受けが取りの肩をつかむと同時に、取りは当身を入れる。

❹〜❺受けの側面に体を捌きながら、当身を入れた手で受けの腕を斬り下ろす。

❻〜⓫斬り下ろした手で受けの小手を制し、もう一方の手で受け肘を制しながら受けの腕を丸く返し、転換して受けの腕を斬り下ろす。

⓬〜⓯受けの小手を肩に着け、受けの手首と肘関節を曲げ、手首関節を極める。

⓰〜⓴転換して受けをうつ伏せにして、肩関節を極め制する。

写真❸〜⓯のアップ

当身を入れた手で受けの腕を斬り下ろす。
斬り下ろした手で受けの小手を制し、もう一方の手で受け肘を制しながら受けの腕を丸く返し、転換して受けの腕を斬り下ろす。
受けの小手を肩に着け、手首と肘関節を曲げ、手首関節を極める。

肩取り第二教 裏 のポイント

第三教

第三教は、第一教に手首、肘、肩関節を極め制する動きを加えたものです。
握り換え、体捌きがやや複雑なので繰り返し稽古を行いましょう。

正面打ち第三教　表

❶相対する。

❷〜❻受けが手刀を振り上げると同時に、取りは前足から斜め前方に入身し、受けの肘と手刀を制し、受けの腕を斬り下ろしながら後足を進める。

❼〜❽受けの小手を外から内に巻きあげるように返す。

❾〜❿受けの肘を制している手で受けの手の甲を握り、ひねり斬り下ろす。

⓫〜⓮後足一歩送り、もう一方の手で肘を制し、転換する。さらに前足を引き、受けをうつ伏せにする。

⓯〜⓱両膝で肩をはさむように跪座となり、両手の握りを換え、受けの肩関節を極め制する。

137

正面打ち第三教 表 のポイント

写真④〜⑧を別角度から
受けの小手を外から内に巻きあげるように返し、受けの肘を制している手で受けの手の甲を握り、ひねり斬り下ろす。

写真⑨〜⑫を別角度から
両膝で受けの肩をはさむように跪坐になり、両手の握りを換え、受けの肩関節を極め制する。

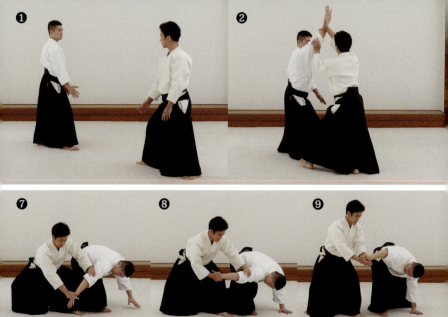

正面打ち第三教　裏

❶相対する。

❷受けが前足を進め、手刀を振り上げると同時に、取りは後ろ足から受けの側面に入身し、受けの肘と手刀を制する。

❸〜❿転換して受けの腕を斬り下ろし、手首を制している手で受けの小手を外から内に巻きあげるように返す。肘を制していた手で受けの手の甲を握る。

⓫〜⓭前足を受けの側面に送り、もう一方の手で肘を制し、転換して受けをうつ伏せにする。

⓮〜⓰両膝で肩をはさむように跪座となり、両手の握りを換え、受けの肩関節を極め制する。

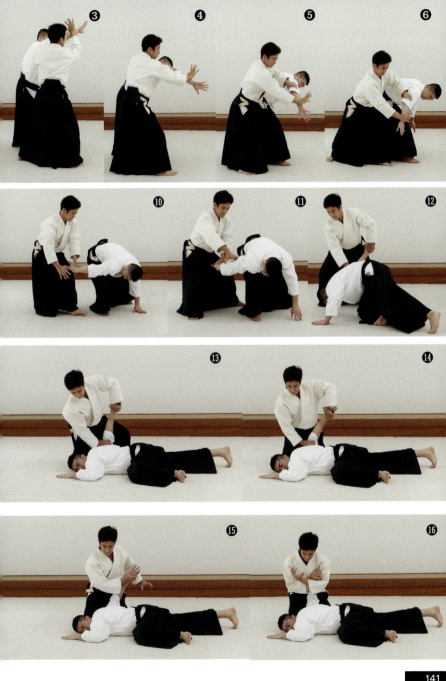

正面打ち第三教 裏 のポイント

写真❽〜⓭のアップ
受けの小手を巻き上げるように返すと、肘を制していた手で手の甲を握る。前足を受けの側面に送り、肘を制すると転換して受けをうつ伏せにする。肩関節を極め制する。

後ろ両手首取り第三教　表

❶相対する。

❷〜❹受けが取りの手刀を斬り下ろし、背後に回る。取りは後ろ足を進めると、受けは両手首をつかむ。

❺〜❼受けはらせん状に両手刀を振りかぶる。

❽〜⓬前足を後方に引きながら両手刀を振り下ろすと、内側の手で受けの手の甲をつかみ、もう一方の手で四指を握る。

⓭〜⓰後ろ足を進めて受けの小手をひねり下ろすと、さらに後ろ足を受けの前に進めて、もう一方の手で肘を制し、転換して受けをうつ伏せにする。

⓱〜⓳両膝で肩をはさむように跪座となり、両手の握りを換え、受けの肩関節を極め制する。

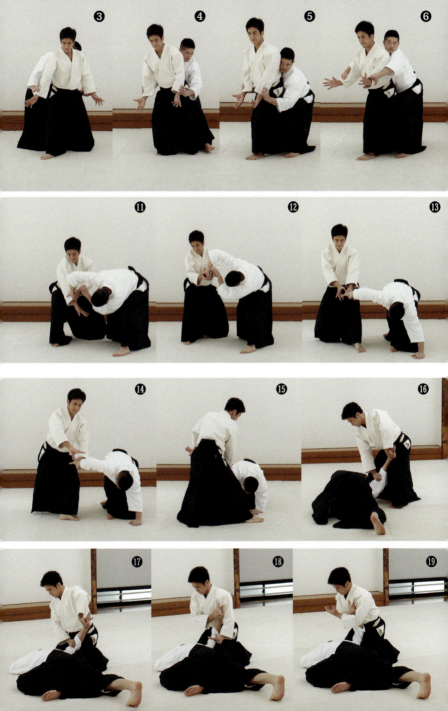

後ろ両手首取り第三教 表 のポイント

写真❺〜⓫を別角度から
両手刀を振りかぶり受けの上体を浮かせると、前足を引きながら両手を振り下ろし、内側の手で受けの小手を制する。

後ろ両手首取り第三教　裏

❶相対する。

❷〜❺受けが取りの手刀を斬り下ろし、背後に回る。取りは後ろ足を進め、受けは両手首をつかむ。
両手刀を振りかぶる。

❻〜⓫両手刀をらせん状に振り上げると、前足を後方に引きながら両手を振り下ろすと、内側の手で受けの小手を握る。

⓫〜⓮もう一方の手で受けの肘を制し、転換して受けをうつ伏せにする。

⓯〜⓱両膝で肩をはさむように跪座となり、両手の握りを換え、受けの肩関節を極め制する。

後ろ両手首取り第三教 裏 のポイント

写真❻〜⓮を別角度から
前足を後方に引きながら両手を振り下ろすと、内側の手で受けの小手を握る。前足を受けの側面に送り、もう一方の手で受けの肘を制すると、転換してうつ伏せにする。

第四教

表技は手首脈部、裏技は手首橈骨部(前腕の親指側の骨)を極めます。これも第一教を基本とした技法の変化技です。

正面打ち第四教　表

❶相対する。
❷〜❸受けが前足を進めながら手刀を振り上げると同時に、取りは前足を開きながら受けの肘と手刀を制する。
❹〜❺後足を進めながら受けの腕を斬り下ろす。
❻〜❾肘を制していた手で受けの手首脈部を制すると、前進しながら斬り下ろし、受けをうつ伏せにする。
❿人差し指の付け根に体重をかけながら手の内を締め、受けの手首脈部を極め制する。

正面打ち第四教　表
のポイント

❼〜❾肘を制していた手で受けの手首脈部を制すると、前進しながら斬り下ろし、受けをうつ伏せにする。
❿人差し指の付け根に体重をかけながら手の内を締め、受けの手首脈部を極め制する。

写真❿手元のアップ

正面打ち第四教　裏

❶相対する。
❷〜❸受けが前足を進めながら手刀を振り上げると同時に、取りは後ろ足から受けの側面に入身し、肘と手刀を制する。
❹〜❼転換して、受けの腕を斬り下ろす。
❽〜❿肘を制していた手で受けの手首橈骨部（前腕の親指側の骨）を制すると転換して斬り下ろし、受けをうつ伏せにする。
⓫〜⓬体重をかけ人差し指の付け根で受けの手首橈骨部を極め制する。

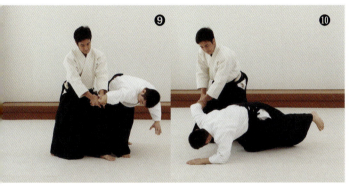

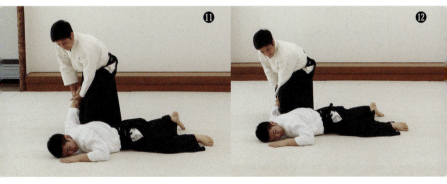

157

正面打ち第四教 裏 のポイント

写真⓫〜⓬
⓫〜⓬体重をかけ人差し指の付け根で受けの手首橈骨部（前腕の親指側の骨）を極め制する。

写真⓾手元のアップ

呼吸力の養成

呼吸法

合気道では、整った姿勢と動きにより、効率よく集中して発揮された力を呼吸力と呼びます。
その呼吸力を養うための鍛錬技法を「呼吸法」といいます。呼吸力は主に手刀を通して発揮されます。座法と立法によって呼吸力を養成します。

座法

❶座して相対する。
❷～❸取りは両手首を受けに両手でつかませる。
❹取りは、らせん状に丸く両手刀を振り上げる。
❺～❽受けを崩す方向と同じ側の膝をやや進め、両手刀を斬り下ろす。
❾跪座で受けを仰向けに抑え、両手刀で制する。この時、内側の膝は受けの脇腹に着け、外側の膝は手首の下に着ける。

座法の ポイント

写真❸〜❽を別角度から
両肘を外側に開かないように下から、らせん状に丸く振り上げる。受けを崩す方向と同じ側の膝をやや進め、両手刀を丸く斬り下ろす。
腕の力で支えるのではなく、体全体のまとまった力を手刀を通じて受けに伝える。

写真❾別角度から
内側の膝は受けの脇腹に着け、外側の膝は手首の下に着ける。

立法(諸手取り呼吸法 表)

❶相対する。
❷〜❺互いに手刀を合わせ、受けはそれを斬り下ろしながら逆半身になり、側面から受けの手首を諸手でつかむ。
❻〜❽取りは後ろ足を進めながら、体の中心から手刀を振り上げる。
❾〜⓭受けの背面にもう一歩深く進め、腰を切って両手刀で斬り下ろすように投げる。

写真❹〜❿を別角度からアップで
取りは正中線（体の中心）上で手刀を振り上げる。
受けの背面にもう一歩深く進め、腰を切って両手刀で斬り下ろすように投げる。
下半身と上半身の動きを合わせること。

立法(諸手取り呼吸法 表)のポイント

立法 (諸手取り呼吸法 裏)

❶相対する。
❷～❸互いに手刀を合わせ、受けはそれを斬り下ろしながら逆半身になり、側面から受けの手首を諸手でつかむ。
❹～❾取りは前足を受けの側面に進め、転換しながら手刀を振り上げる。
❿～⓭前足を引いて、腰を切り両手刀で斬り下ろすように投げる。

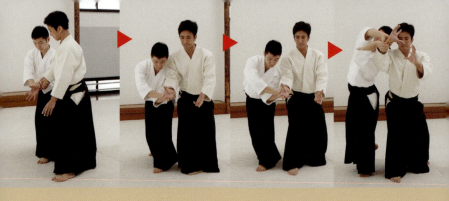

立法 (諸手取り呼吸法 裏) のポイント

写真❸〜⓫を別角度から

前足を受けの側面に進め、転換しながら、らせん状に丸く手刀を振り上げる。
前足を引きながら腰を切り、両手刀で斬り下ろすように投げる。

毎年日本武道館で開催される全日本合気道演武大会には約1万人が参加します

合気道と公益財団法人合気会

合気道とは

　合気道は、開祖植芝盛平翁（1883〜1969）が日本伝統の武術の奥義を究め、さらに厳しい精神的修行を経て創始した現代武道です。

　合気道は相手といたずらに力で争いません。入身と転換の体捌きから生まれる技によって、お互いに切磋琢磨し合って稽古を積み重ね、心身の錬成を図るのを目的としています。

　合気道は他人と優劣を競うことをしないため、試合がありません。お互いを尊重するという姿勢を貫く合気道は、調和することの大切さが訴えられる現代に相応しい武道と言えるでしょう。

日本中の合気道少年少女が参加する全日本少年少女合気道錬成大会

合気道の特色

　合気道には試合がありません。お互いの習熟度にあわせて技を繰り返し稽古し、心身の練成を図ることを目的としていますので誰でも稽古できます。

　稽古の積み重ねが健康によいのは言うまでもなく、日常生活において何事にも積極的に取り組む自信が自然と培われていきます。

　また道場には年令、性別、職業、国籍を問わず多くの人々が集まってきますので道場は、人間理解の眼を深めるためには最適の場です。

　合気道の稽古に終わりはありません。稽古をはじめたら根気よく続けることです。うまずたゆまず求めてください。稽古を続けることが進歩への第一歩であり合気道の大切な一面でもあるのです。

第14回国際合気道大会(東京・代々木)で行われた、植芝守央合気道道主の講習会

世界に広がる合気道

　合気道は日本国内にとどまらず、世界的広がりを見せています。合気道の海外普及は1950年代から始まり、現在、140の国と地域にその裾野を広げています。

　合気道がわずかの期間に全世界へ広がりましたのも、これが心身練成の道として人種・国境を越えて認められたからでしょう。

　この海外普及活動の結果として、1976年には、国際合気道連盟(IAF)が結成され、連盟の総会が四年ごとに開催されています。また国際合気道連盟は、1984年に世界的組織であるスポーツアコードの正式会員となりました。

　近年、海外普及活動において(公財)合気会合気道本部道場独自の活動と共に、各国の組織による自主的な活動と、国際協力機構（JICA）

イタリアで行われた植芝充央本部道場長の講習会

タンザニアでの巡回指導

の青年及びシニア海外協力隊による指導者派遣なども活発になってきました。21世紀の新しい人類の文化としていまや合気道は国際的に期待されています。

公益財団法人合気会

　公益財団法人合気会は、開祖植芝盛平翁の意を体し合気道の稽古により互いの心身練成をはかり、社会へ合気道の普及発展を推進する団体として政府より昭和15年（1940）に財団法人の認可を受け、活動してまいりました。平成24年4月1日より公益財団法人として活動しています。

全国学生合気道演武大会

全国高等学校合気道演武大会

主な活動内容
・本部道場における稽古並びに合気道学校の設置・運営と新聞・機関誌の刊行。
・支部道場の設置・運営並びに本部道場からの国内外各地域への指導者派遣。
・公開演武会および講習会の開催。
・その他合気道の普及に関する活動一般。
合気道の普及・発展を推進するその他の組織
・国際合気道連盟（IAF 1976 年設立）
・全日本合気道連盟（1976 年設立）
・防衛省合気道連合会 (1961 年設立)
・全国学生合気道連盟 (1961 年設立)
・全国高等学校合気道連盟 (2002 年設立)

現在の合気道本部道場

本部道場の稽古風景

合気道本部道場

　昭和2年(1927)に上京した植芝盛平開祖は急設された借家道場を転々とし稽古を行っていましたが、入門者の増加により道場が手狭になってきました。

　そこで、昭和6年(1931)、現在の新宿区若松町に木造80畳敷の合気道の専門道場を創建しました。

　当時は「皇武館」と呼ばれておりました。これが現在の合気道本部道場の前身です。

　太平洋戦争中は幸いにも本部道場は空襲の被害を免れ、昭和23年（1948）財団法人合気会発足にともない、財団法人合気会合気道本部道場と改称されました。戦後の混乱期の中でも稽古は続けられ、少しずつではありますが着実に会員も増えていきました。

　昭和43年（1967）それまで木造であった道場を鉄筋3階建てのビルに改築、近代的な道場に生まれ変わりました。

　さらに昭和48年（1973）には4、5階を増築し、3道場延べ250畳敷きの道場となりました。

　日々の稽古においては、3つの道場がフル回転し、現在は、1日延べ500名の会員が稽古しています。

歴代道主略歴

合気道は、開祖植芝盛平翁によって創始された武道です。
開祖逝去後、故植芝吉祥丸が道主を継承し、現在は、植芝守央が道主を受け継いでいます。.

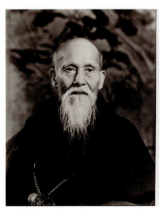 

植芝 盛平 (うえしば もりへい) 1883〜1969

明治16年（1883） 12月14日和歌山県西牟婁郡西ノ谷村（現在の和歌山県田辺市上の山）に生まれる。
明治41年（1908） 坪井政之輔氏より後藤派柳生流柔術の免許を受ける。
明治44年（1911） 志あって政府募集の北海道開拓民に応募、明治45年（1912）団長として北海道紋別郡白滝原野に54戸の同志を引きつれて移住、土地の開拓に着手する。ここで大東流柔術の武田惣角氏に会い教えを受ける
大正08年（1919） 父危篤のため故郷に帰る。途中京都府綾部町に立ち寄り初めて大本教の出口王仁三郎氏に会い心を開かれる。父逝去後、一家で京都府綾部に移住し、修業道場植芝塾を開設する。
大正末期 本格的に「合気の道」と呼称する
昭和2年（1927） 一家上げて上京、海軍大学校はじめ各所で指導する。
昭和6年（1931） 現在の東京都新宿区若松町に合気道専門道場を建設する。

昭和 15 年（1940）公益法人として財団の許可を得る。
昭和 16 年（1941）茨城県岩間町に野外道場を設置、心技さらに一段と飛躍。
昭和 30 年（1955）国内はもとより海外においても合気道の普及発展に力を尽くす。
昭和 35 年（1960）合気道創始の功績を以って紫綬褒章を贈られる。
昭和 39 年（1964）勲四等旭日小綬章を受章。
昭和 44 年（1969）4月26日逝去（86歳）。この日、正五位勲三等瑞宝章を生前の合気道創始の功績とその普及の功により贈られる。

植芝 吉祥丸（うえしば　きっしょうまる）1921～1999

大正 10 年（1921）6月27日、合気道開祖植芝盛平の三男として出生。
昭和 21 年（1946）早稲田大学政治経済学部を卒業。
昭和 23 年（1948）開祖に代わり合気道本部道場の道場長となる。
昭和 42 年（1967）財団法人合気会理事長に就任。
昭和 44 年（1969）開祖逝去により合気道二代道主を継承。
昭和 61 年（1986）合気道普及発展の功により藍綬褒章を贈られる。
平成 07 年（1995）勲三等瑞宝章を受章。
平成 11 年（1999）1月4日逝去（78歳）。この日、正五位を賜る。他に国際合気道連盟会長、全国学生合気道連盟会長、財団法人日本武道館理事その他多くの要職を務めた。

植芝 守央 (うえしば　もりてる) 1951〜

昭和 26 年（1951） 4月2日、合気道二代道主植芝吉祥丸の次男として出生。
昭和 51 年（1976） 明治学院大学経済学部を卒業。
昭和 60 年（1985） 財団法人合気会専務理事に就任。
平成 08 年（1996） 財団法人合気理事長に就任。
平成 11 年（1999） 二代道主逝去により合気道道主を継承。国際合気道連盟会長に就任。
平成 16 年（2004） 東北大学の特別講師に就任。
平成 18 年（2006） ブラジル国のアンシェッタ勲章を受章。
平成 21 年（2009） ロシア大統領友好勲章を受章。
平成 22 年（2010） 皇學館大學の特別招聘教授に就任。
平成 24 年（2012） 公益財団法人移行に伴い公益財団法人合気会理事長に就任。スペインのバレンシア大学の金メダルを受章。
平成 25 年（2013） 合気道普及発展の功により藍綬褒章を受章。
令和 7 年（2025） 合気道普及・振興の功により旭日小綬章を受賞。
公益財団法人日本武道館理事、国際武道大学評議員、その他多くの要職を歴任。

● 著者紹介

植芝 充央（うえしば・みつてる）

昭和56年（1981）6月27日、合気道開祖植芝盛平翁を曾祖父にして現道主植芝守央の長男として出生。

平成18年(2006)3月、東洋大学卒業後、財団法人合気会に奉職し、平成27年(2015)、合気道本部道場長となる。

現在、世界約140の国と地域に広がる合気道の中心である（公財）合気会合気道本部道場の道場長を務め、合気道本部道場を中心に国内はもとより世界各地で精力的に合気道の普及振興にあたっている。著作・監修に『合気道入門』『DVD合気道入門』『An Introduction to Aikido(英訳版「合気道入門」)』『DVD An Introduction to Aikido(英訳版「DVD合気道入門」)』（いずれも内外出版社）、『DVD合気道上達革命』『合気道体術の研鑽と武器取りの世界』（いずれもトレンドアクア）がある。

●公益財団法人合気会・合気道本部道場

〒162-0056 東京都新宿区若松町17-18
TEL 03-3203-9236 FAX 03-3204-8145
http://www.aikikai.or.jp

合気道入門　正確な稽古で基本を極める

発行日　2019年4月30日　第1刷
　　　　2025年8月1日　第3刷

著　者　植芝充央
発行者　清田名人
発行所　株式会社内外出版社
　　　　〒110-8578 東京都台東区東上野2-1-11
　　　　電話　03-5830-0368　（企画販売局）
　　　　電話　03-5830-0237　（編集部）
　　　　https://www.naigai-p.co.jp
印刷・製本　中央精版印刷株式会社

© 植芝充央　2019 Printed in Japan
ISBN 978-4-86257-467-1 C0075

内外出版社の合気道書籍・DVD

合気道　稽古とこころ

合気道の稽古の根底にある精神性、そして歴史と技法を宗家・植芝守央合気道道主が説き明かす。

植芝守央　著

四六判上製　定価：本体1600円＋税
ISBN 978-4-86257-349-0

DVD「合気道入門」

書籍「合気道入門」に完全準拠。基本技を演武しながら解説!!　アップ・スロー・別角度を駆使した上達間違いなしの画期的映像。

植芝充央　著

定価：本体4500円＋税
ISBN 978-4-86257-501-2

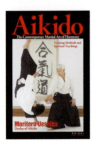

Aikido, the Contemporary Martial Art of Harmony

英訳版「合気道　稽古とこころ」

定価：本体1600円＋税
ISBN 978-4-86257-472-5

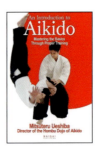 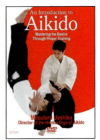

An Introduction to Aikido

英訳版「合気道入門」

定価：本体1500円＋税
ISBN 978-4-86257-513-5

英訳版「DVD合気道入門」

定価：本体4500円＋税
ISBN 978-4-86257-514-2